안녕! 벌름벌름흥별에서 온 **슝슝**이야.
너희는 잘 때 코를 고니?
나는 드르렁드르렁 코를 얼마나 심하게 고는지 몰라.
그래서 코골이 수술을 하려고 지구로 날아왔지. 놀라워라,
이비인후과에서 수술을 하자마자 감쪽같이 나았어.
나도 열심히 공부해서 이비인후과 의사가 될 테야.
너희들, 슝슝이를 지켜볼 거지?

글 | 이재훈
국어국문학을 공부하고 연세대학교에서 독서지도자 과정을 마친 뒤 어린이와 청소년의
글쓰기를 지도했습니다. 어린이 책을 기획하고 만드는 일을 했고 지금은 어린이들에게
꿈을 심어 주는 글을 쓰고 있습니다. 쓴 책으로는 〈사우디아라비아에서 온 편지〉,
〈심술쟁이 반대로〉, 〈판다야, 우리 집에 놀러 와〉 등이 있습니다.

그림 | 이주연
한국외국어대학교를 졸업하고 일러스트하우스에서 일러스트레이션을 공부했습니다.
그린 책으로는 〈행복한 놀이〉, 〈특별한 달리기 경주〉, 〈1분 씨앗 동화〉, 〈찔레는 다 알아!〉,
〈시끌벅적 일요일〉, 〈마우스와 떠난 여행〉 등이 있습니다.

감수위원
최영륜 | 전남대학교 의과대학 교수, 전남대학교병원 소아청소년과 전문의
이한숙 | 가톨릭대학교 서울성모병원 마취통증의학과 전문의
조재식 | 베스트이비인후과 원장
황의기 | 반포서울이비인후과 원장

별똥별을 타고 온 외계인 슝슝 콧구멍을 알려 줘
글 이재훈 | 그림 이주연 | 펴낸곳 도서출판 별똥별 | 펴낸이 김래주 | 기획 노영경 | 편집·디자인 연필의 입장 | 글 다듬이 박미향
제작 김희수 | 마케팅 백나리 | 주소 경기도 화성시 병점1로 218 씨네 샤르망 B동 3층
고객센터 080-201-7887 | 전화 031-221-7887 | 출판등록 2009년 2월 4일 제 465-2009-00005호
ISBN 978-89-6383-256-2 978-89-6383-249-4 (세트)
ⓒ 도서출판 별똥별 www.beulddong.com 저작권법에 의해 무단 전재와 무단 복제를 금합니다.
맞춤법, 띄어쓰기는 국립국어원에서 펴낸 〈표준국어대사전〉을 기준으로 삼았습니다. 잘못된 책은 바꾸어 드립니다.
⚠ 주의 책의 단면이나 모서리에 다치지 않도록 주의하세요.

슈슈 콧구멍을 알려 줘

이재훈 글 | 이주연 그림

별똥별

슝슝이랑 로봇 코코가 탄 우주선이
지구의 싹다나병원 창문으로
쏙 들어가더니 쿵 떨어졌어요.
얌전히 오려고 했는데 그만 소란을 피웠네요.
"안녕! 난 벌름벌름훙별에서 온 슝슝이야.
우리 때문에 놀랐지? 미안해.
내가 코를 너무 심하게 골아서
우주선까지 고장 났지 뭐야."
"슝슝, 이비인후과는 이쪽이야."

"안녕, 슝슝. 난 너를 담당할 의사란다.
싹다나병원이 너희 별에까지 소문났다고?"
"응. 나는 코골이 수술을 받으러 왔어.
지구에서는 이비인후과에서
귀, 코, 목구멍을 다 치료한다며?"
"맞아. 네 코골이 수술은 내일 하자."

와! 이비인후과는 정말 놀라워요.
이젠 드르렁드르렁 코를 골지 않고
새근새근 잘 수 있게 됐어요.
슝슝이도 의사가 되고 싶었어요.
슝슝이는 열심히 공부해서 이비인후과
보조 의사가 되었고,
코코는 환자를 돌보는 간호사가 됐답니다.

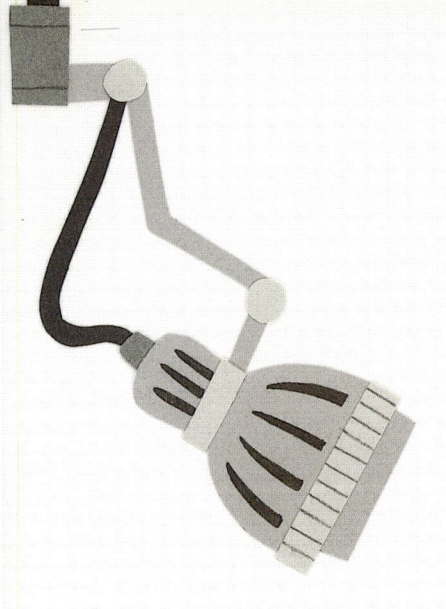

히히, 오늘은 슝슝이가 진료하는 첫날이에요.
현우가 코를 훌쩍이며 진료실로 들어왔어요.
콧속을 치료하는 기계를 대니
현우가 고개를 요리조리 피하네요.
"뽕뽕 동굴에 뭐가 숨었나?
누런 코가 쭈욱 삐져나왔네."
현우가 생끗 웃는 사이 콧속에 기계를 쏘옥 넣고
슝! 콧물을 빼내 주었죠.

승슝이가 현우의 콧구멍에
약을 적신 솜을 쑥쑥 넣었어요.
"윽, 으윽! 슝슝, 코가 답답해."
"조금만 참아.
코딱지를 함부로 파서 생긴 상처랑
코감기 때문에 부은 콧속을
치료하는 거야."

우아, 콧구멍을 지나 목구멍으로 길이 이어지는 게 신기하죠?
코로 냄새를 어떻게 맡는지 알려 줄게요.

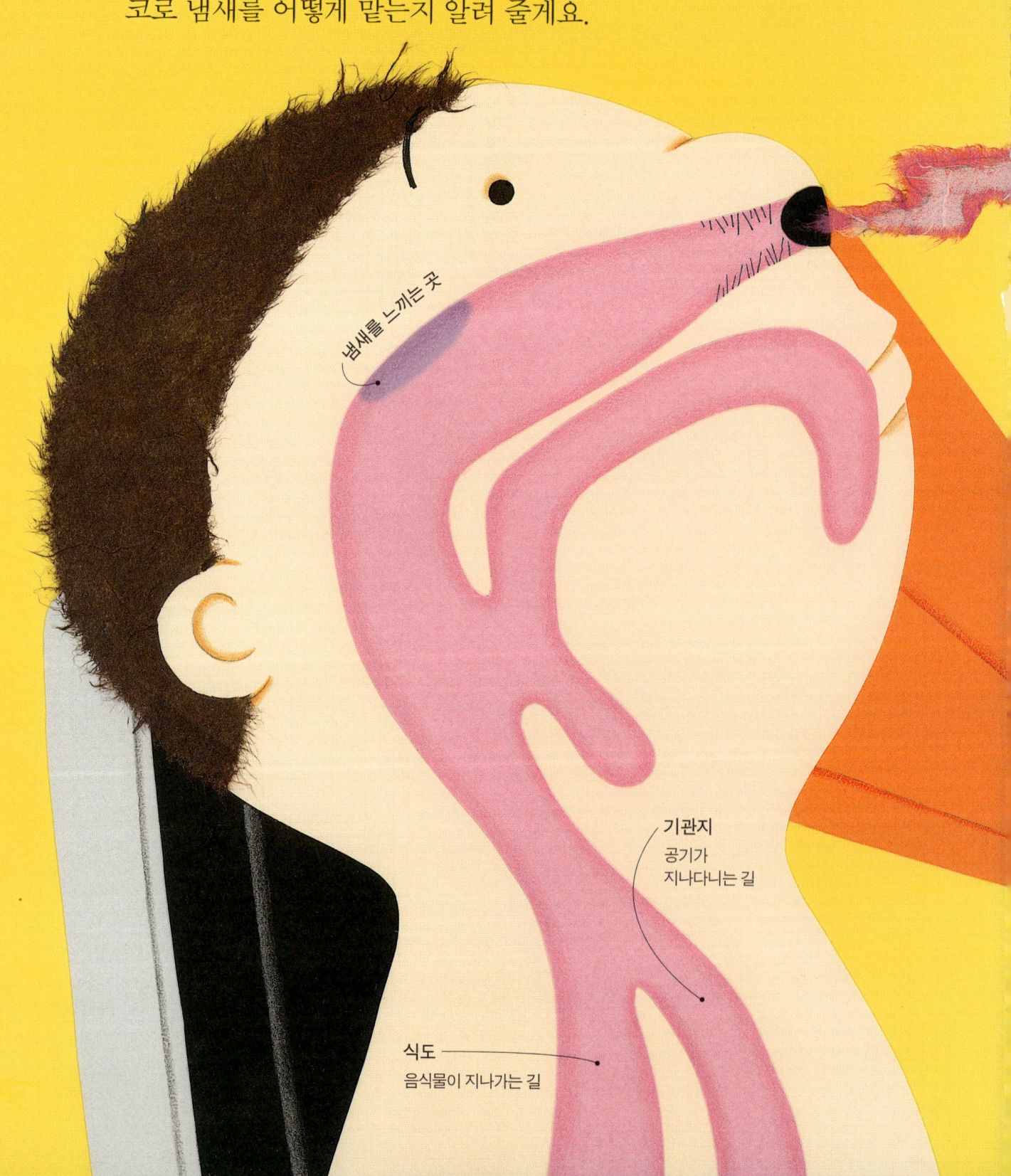

냄새를 느끼는 곳

기관지
공기가 지나다니는 길

식도
음식물이 지나가는 길

숨을 쉬면 냄새 알갱이가
콧속으로 들어와요.
그러면 사람의 눈으로는 안 보이는
아주 작고 가느다란 털들이
냄새 알갱이가 들어왔다고 뇌에 전하죠.
그럼 뇌에서 어떤 냄새인지
알려 주는 거예요.
'고소하다! 구리다! 향기롭다!'
이렇게 말이에요.

깨끗해진 콧속을 살펴볼까요?

이번엔 콧구멍에 넣었던 솜을
쏙쏙 꺼냈어요.
"흠흠, 코가 뻥 뚫리니까 시원하다.
슝슝! 코딱지가 생기면 그냥 두어야 해?"
"아니, 그러면 안 돼.
코딱지에 대해 알아볼까?"

콧속으로 들어간 공기 중의 먼지나 세균 등이 코털에 걸려요.

먼지나 세균 등이 콧물과 섞여 뭉치면 코딱지가 돼요.

"우웩! **코딱지**는 더러운 거네.
그냥 둘 수도 없고 함부로 파도 안 되고…….
으앙, 그럼 코딱지를 어떻게 해?"
"좋은 방법이 있지!
코딱지가 생기면 콧속을 물로 적셔서 촉촉하게 하고
코를 살살 푼 다음 손을 깨끗이 씻으면 돼."
"응, 고마워, 슝슝!
앞으로는 코를 함부로 파지 않을게."

숭숭이는 집으로 돌아가는 길에
넋을 잃고 장난감을 구경하는 꼬마를 보았어요.
"꼬마야, 아이스크림 다 녹는다."
꼬마는 들은 척도 안 해요.
숭숭이는 좀 더 큰 소리로 말했어요.
"뭐라고? 잘 안 들려."

슝슝이는 꼬마 귀에 대고 외쳤어요.
"이, 비, 인, 후, 과, 에, 와, 서,
나, 한, 테, 귀, 검, 사, 받, 아."
"쳇, 외계인이 지구인의 귀를 알겠니?"
슝슝이는 귓속에 대해 꼼꼼히 알려 줬어요.

며칠 뒤, 꼬마가 병원에 왔어요.
슝슝이는 꼬마의 귓속을 자세히 살펴보고
귀가 잘 들리는지 검사했어요.
꼬마는 왼쪽 고막을 다쳐서 잘 못 들은 거였어요.
다행히 상처가 깊지 않아서 조금만 치료하면 되지요.

슝슝이가 정식 의사가 되었어요.
환자들을 치료하는 틈틈이 열심히 공부하여
의사 시험을 준비하던 날들이 떠올랐어요.
"이야! 슝슝, 축하해. 너 합격했어."
"정말? 신 난다, 드디어 내 꿈을 이루었어."

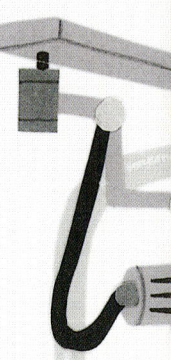

숭숭이는 이비인후과를 열었고
지구인 친구들이 더 많이 생겼답니다.
코코가 멋진 캡슐 우주선을 만들어 낸 날,
숭숭이는 코코에게 말했어요.
"코코, 너에게 줄 선물이 있어."
"와! 뭐야, 뭐야?"

코코에게 준 선물은 바로 귀마개예요.
슝슝이가 잠자면서 뿡뿡 요란하게 뀌어 대는
방귀 소리 때문에 코코는 잠을 설치곤 했대요.
그런데 코마개는 필요 없다고 하는 걸 보면
아무래도 방귀 냄새를 못 맡나 봐요.
내일은 코코의 콧속을 검사해 봐야겠어요.

슝슝의 상장

이름 : 슝슝

슝슝은 벌름벌름홍별을 떠나 지구로 가서
이비인후과의 뛰어난 의사가 됐습니다.
그리하여 우리 별의 이름도 더욱 빛나고 있습니다.
감사하는 마음을 담아 이 감사장을 보냅니다.

1. 코가 막히거나 콧물이 줄줄 흐르는 코감기와
   목 안이 따갑고 아픈 목감기를
   잘 치료한다고 알려져서 기쁩니다.

2. 귓구멍에 생긴 귀지가 안으로 들어가지 않고
   바깥으로 조금씩 밀려 나온다는 것을 알려 주어 고맙습니다.
   귀지가 귀로 들어온 세균을 죽인다고 하니,
   앞으로는 귀를 자주 파지 않겠습니다.

벌름벌름홍별의 왕코가 줌

표창장

이름 : 슝슝

슝슝은 외계인이면서도 지구인의
귀, 코, 목구멍을 잘 치료하였습니다.
그래서 이 표창장을 줍니다.

1. 콧속에 염증이 생겨서 콧물이 고여 있는
   '축농증' 때문에 냄새를 잘 못 맡고, 머리가 아프고,
   집중력도 떨어져서 힘들어하는 아이들을 고쳐 준 것을 칭찬합니다.

2. '코털은 공기 중에 떠다니는 먼지나 세균이 허파(폐)로 들어가는 것을
   막는다' 는 중요한 사실을 널리 퍼뜨린 것을 칭찬합니다.
   밖으로 삐져나온 코털이 보기 싫다며 마구 뽑던 사람들이
   이젠 코털 가위로 깨끗이 다듬는다고 합니다.

지구의 코털좋아협회 줌

귀는 어떻게 소리를 들을까요?

소리가 나면 공기가 빠르게 떨리는데, 이 떨림이 귓구멍으로 들어와 고막에 닿으면 고막이 떨려요. 고막의 떨림을 귓속에 있는 뼈가 달팽이관에 전해 주면, 달팽이관에 고여 있는 림프액이 흔들리죠. 림프액은 우리 몸속 세포 주변에 있는 액체인데, 림프액이 흔들리면 신경이 뇌에 신호를 보내 소리가 들어왔다고 알려요. 그러면 뇌는 그것이 무슨 소리인지 우리에게 알려 주는 거예요.

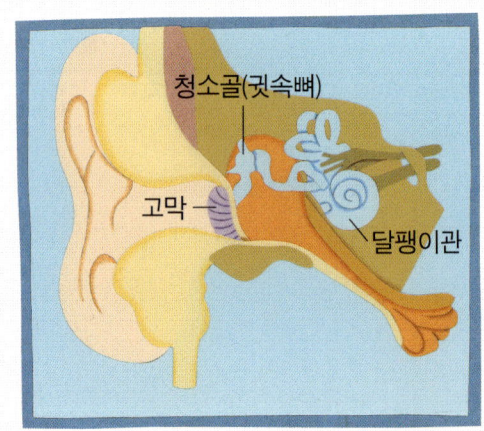

코로도 맛을 느낀다고요?

코를 막고 음식을 먹으면 맛을 제대로 몰라요. 코를 막고 양파를 먹으면 사과 맛처럼 느껴지죠. 맛은 혀에서 느끼지만 코가 막히면 정확한 맛을 느끼지 못해요. 그래서 감기에 걸리거나 코가 막히면 음식이 맛없게 느껴지는 거예요.

목이 아플 때 집에서 간단히 치료할 수 있나요?

목이 따끔거리고 음식을 삼키기도 힘들게 아프면 턱 밑의 편도선이 부은 거예요. 편도선이 붓고 열이 나는 것은 백혈구가 감기 바이러스와 싸우기 때문이에요. 그럴 때는 미지근한 물 한 컵에 소금을 티스푼 반 정도 넣은 소금물로 목을 헹군 뒤 뱉으면 균이 없어져요.

한 시간에 한 번씩 소금물로 목을 헹구면 한결 부드러워질 거예요.

감기에 걸리면 어떤 음식을 먹어야 하나요?

감기는 코감기, 목감기, 기침감기, 몸살감기 등 여러 가지가 있으며 낫게 하는 방법도 다 달라요.

체온이 38도를 넘지 않을 때 보리차나 결명자차를 마시면 열이 떨어져요.

목이 많이 아프면 영지버섯이나 생강을 달여서 마셔요.

기침을 많이 하고 가래가 생기면 모과차나 오미자차를 마셔요.

몸살감기에 걸리면 기운을 낼 수 있도록 매콤한 콩나물국을 먹어요. 콩나물국에 무와 파뿌리를 넣으면 더 좋아요.

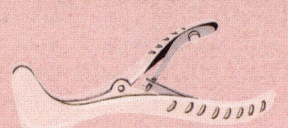 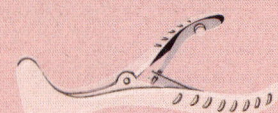 
 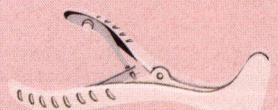 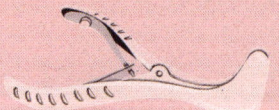
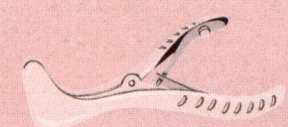  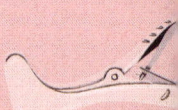

민규, 경수, 정호는 하루라도 안 보면
큰일 나는 줄 아는 삼총사야. 어느 날 수영장에 갔다 온
삼총사는 병이 나서 각자 병원에 가게 되었어.
민규는 귀에 염증이 생겼대. 경수는 코가 막혀서
숨을 제대로 못 쉰다지. 정호는 목이 따끔거려서 침도
못 삼키겠다고 울상이고. 하루라도 안 보면
좀이 쑤시는 삼총사는 언제나 다시 만날 수 있을까?
답을 아는 친구는 슝슝이에게 연락해.

정답 : 한 시간 뒤 이비인후과에서 만나. 이비인후과는 귀도
치료하고 코도 치료하고 목구멍도 치료하는 재주 많은
병원이거든!

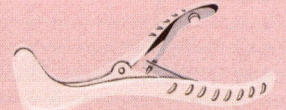  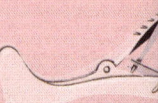